Por Gareth Evans

ISBN 978-1-912135-93-6

Fotografía y diagramas de Gareth Evans

Dibujos animados de Chris Evans

Copyright © 2020 por Intuition Publications

Personajes de dibujos animados "Jumbalees" © 1999 Chris Evans

www.jumbalees.com/es

Derechos de autor internacionales asegurados. Todos los derechos reservados. Ninguna parte de esta publicación puede ser reproducida de ninguna forma o por ningún medio sin el permiso previo por escrito del editor.

INTRODUCCIÓN

Hola y bienvenido a Guitarra para niños. Este libro puede ser usado por estudiantes o por el profesor para lecciones individuales o de grupo. Las piezas musicales de este libro tienen pistas de audio en estilos como rock, blues, pop, flamenco, jazz y reggae. No encontrarás rimas infantiles aquí (al menos no hasta la sección de lectura musical). En algunas de las pistas de demostración se usan efectos de guitarra eléctrica, pero todas las piezas pueden tocarse con una guitarra acústica.

El libro entra un poco en detalle sobre la técnica, pero se presenta de una manera clara y divertida. Oye, es mejor que lo hagas bien desde el principio en lugar de desarrollar malos hábitos. Aunque la lectura de música en notación normal es popular en la mayoría de los métodos de guitarra para niños, en este libro sólo se trata cerca del final. Sin embargo, la lectura del ritmo en notación normal se muestra antes en la sección de acordes, lo que facilitará la lectura musical al final.

Para algunas partes del libro como "Comprar tu primera guitarra" necesitarás la ayuda de tu mamá, papá o tutor. Para eso utilizamos un signo especial, que se muestra a la derecha. ¡Esperamos que disfrutes del libro!

CONTENIDOS

Comprar tu primera guitarra......... 4	C mayor......................... 20 - 21
Partes de la guitarra................. 5	G7............................ 21
Afinar tu guitarra 6	E menor........................ 22
Cómo sostener la guitarra 7	A menor........................ 22 - 23
Pulsar las cuerdas................... 7 - 8	D mayor......................... 23
Tablatura........................... 9	Reggae fácil 24
Smoothy........................... 10	Rock fácil 25
Bright............................. 11	Blues fácil para dos............ 26
Púa alternada 12	Acordes de potencia 27
Malagueña......................... 12	Brócoli Rockilly 27
Hacia arriba y hacia abajo.......... 13	Ensalada de rock................ 28
Técnica de la mano el diapasón....13	Lectura a primera vista 29
Canon en A......................... 14	Notas en la cuerda Mi alto....29 - 30
Rock del diapasón 15	Notas en la cuerda Si (B) 30
Blues fácil.......................... 16	Notas en la cuerda Sol (G)...31
Paseo de vaqueros 17	El viejo MacDonald 31
La casa del bollo naciente.......... 18	Oda a la alegría................. 32
Acordes 19	Cuando los santos 32
G mayor........................... 19 - 20	Bollos calientes 33
	Preguntas y respuestas....... 34 - 35

PISTAS DE AUDIO

Estas pueden descargarse gratis de www.intuition-books.com/es donde también encontrarás un enlace a las demostraciones en vídeo de las piezas musicales de este libro.

1	Smoothy	(Demostración)	24	C mayor	(Demostración)
2	Smoothy	(Acompañamiento)	25	C mayor	(Acompañamiento)
3	Bright	(Demostración)	26	G7	(Demostración)
4	Bright	(Acompañamiento)	27	G7	(Acompañamiento)
5	Malagueña	(Demostración)	28	E menor	(Demostración)
6	Malagueña	(Acompañamiento)	29	E menor	(Acompañamiento)
7	Hacia arriba y…	(Demostración)	30	A menor	(Demostración)
8	Hacia arriba y…	(Acompañamiento)	31	A menor	(Acompañamiento)
9	Canon en A	(Demostración)	32	D mayor	(Demostración)
10	Canon en A	(Acompañamiento)	33	D mayor	(Acompañamiento)
11	Rock del diapasón	(Demostración)	34	Reggae fácil	(Demostración)
12	Rock del diapasón	(Acompañamiento - lento)	35	Reggae fácil	(Acompañamiento)
13	Rock del diapasón	(Acompañamiento - normal)	36	Rock fácil	(Demostración)
14	Blues fácil	(Demostración)	37	Rock fácil	(Acompañamiento)
15	Blues fácil	(Acompañamiento - lento)	38	Blues fácil para dos	(Demostración)
16	Blues fácil	(Acompañamiento - normal)	39	Blues fácil para dos	(Acompañamiento)
17	Paseo de vaqueros	(Demostración)	40	Blues fácil para dos	(Acompañamiento)
18	Paseo de vaqueros	(Backing)	41	Blues fácil para dos	(Acompañamiento)
19	La casa del bolla…	(Demostración)	42	Brócoli Rockilly	(Demostración)
20	La casa del bolla…	(Acompañamiento - lento)	43	Brócoli Rockilly	(Acompañamiento)
21	La casa del bolla…	(Acompañamiento - normal)	44	Ensalada de rock	(Demostración)
22	G mayor	(Demostración)	45	Ensalada de rock	(Acompañamiento)
23	G mayor	(Acompañamiento)	46	Ensalada de rock	(Acompañamiento)
			47	Ensalada de rock	(Acompañamiento)

COMPRAR TU PRIMERA GUITARRA

Hay tres tipos principales de guitarra...

acústica **clásica** **eléctrica**

Las guitarras clásicas tienen un mástil más ancho pero tienen cuerdas de nylon, que son menos duras en la punta de los dedos que las cuerdas de acero.

Las cuerdas de las guitarras eléctricas son de acero pero no tan duras en la punta de los dedos como las cuerdas de acero de las guitarras acústicas porque están más cerca del diapasón y requieren menos presión.

Las guitarras eléctricas tienen cuerpos sólidos y son más pesadas.

Las guitarras también vienen en diferentes tamaños. Cuando se compra una guitarra es mejor ir a una tienda para probarla. De esta manera puedes ver si es el tamaño adecuado para ti y te sientes cómodo. Si tienes una guitarra demasiado grande será más difícil de tocar...

Tamaño estándar   **Tamaño ¾**   **Tamaño ½**

La "acción" significa a qué distancia están las cuerdas por encima del diapasón. Deben estar lo más bajo posible pero no tan bajas como para tocar los trastes y hacer un zumbido al tocar. Toca las seis cuerdas y escucha para asegurarte de que ninguna de ellas haga un zumbido. Prueba esto también mientras presionas los trastes.

PARTES DE LA GUITARRA

AFINAR TU GUITARRA

Para afinar la guitarra tenemos que saber cómo se llaman las cuerdas. La cuerda más delgada en la parte inferior se llama la cuerda Mi (E) *alto* porque da una nota más alta. La cuerda más gruesa en la parte superior se llama la cuerda Mi (E) *bajo* porque da una nota más baja. Si tocas las seis cuerdas de arriba a abajo, oirás que empiezan con un sonido bajo y van subiendo.

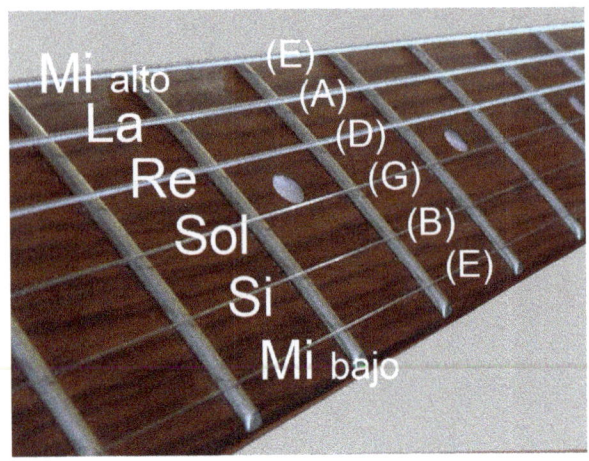

La forma más fácil de afinar la guitarra es con un afinador electrónico. El afinador electrónico se puede conectar a la guitarra eléctrica con un cable, y también se puede utilizar para afinar una guitarra acústica o clásica con su micrófono incorporado (por eso, si tienes una guitarra acústica o clásica y vas a comprar un afinador, asegúrate de que tenga un micrófono incorporado).

Los sintonizadores como el que se muestra a la derecha, vienen con un manual de instrucciones. A continuación hay un cuadro de las 12 notas del alfabeto musical para ayudarle...

1	2	3	4	5	6	7	8	9	10	11	12
La	La♯ / Si♭	Si	Do	Do♯ / Re♭	Re	Re♯ / Mi♭	Mi	Fa	Fa♯ / Sol♭	Sol	Re♯ / Mi♭
A	A♯ / B♭	B	C	C♯ / D♭	D	D♯ / E♭	E	F	F♯ / G♭	G	G♯ / A♭

Si estás afinando la cuerda Mi (E) bajo y el afinador dice Re (D), debes girar la clavija de afinación para subir la nota hasta que el afinador diga Mi (E) y el dial esté en el centro. El alfabeto musical se repite, así que si estás tratando de afinar la cuerda La (A) y el afinador dice Sol (G) o Sol♯ (G♯) tendrías que subir la nota para llegar a La (A).

Otra forma de afinar la guitarra es de oído. Esto es más difícil pero es una buena práctica. A la derecha hay un diagrama de cómo puedes llevarte de las notas de un piano afinado o un teclado electrónico para afinar la guitarra.

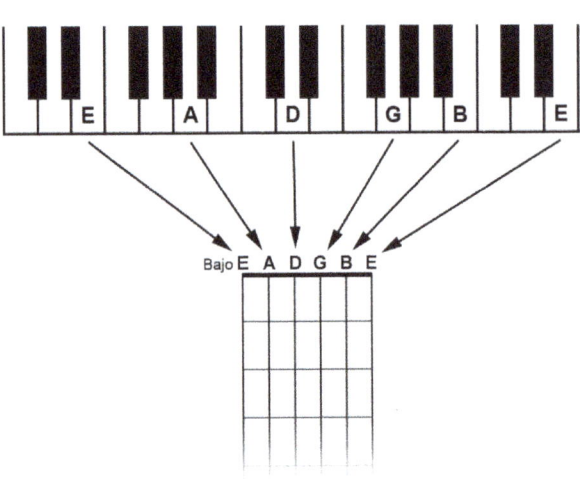

CÓMO SOSTENER LA GUITARRA

Siéntate derecho y sostén la guitarra con el mástil de la guitarra ligeramente inclinado hacia arriba. La pierna sobre la que apoyas la guitarra debe estar horizontal, así que asegúrate de usar una silla que tenga la altura adecuada para ti. Si la silla es demasiado alta la guitarra podría deslizarse por tus rodillas. Si no hay sillas adecuadas, colocar un soporte debajo del pie puede ayudarte. En la foto Elvis usa un soporte de pie, pero cualquier cosa servirá.

Usar un atril a la altura de los ojos para leer puede ayudar a mantener una buena postura y es más cómodo que agacharse sobre la guitarra para leer música en una mesa o un escritorio. Pueden usarse broches para mantener las páginas abiertas.

Si vas a estar parado mientras tocas, asegúrate de que la correa de la guitarra no esté muy baja, de lo contrario se hace más difícil de tocar.

PULSAR LAS CUERDAS

Sostén la púa de la guitarra entre los dedos pulgar e índice como se muestra en la imagen. Sólo un poco de la púa sobresale de la punta de los dedos . Si la púa sobresale demasiado, se agitará al pulsar las cuerdas y será más difícil de controlar. La púa debe agarrarse con firmeza pero no tan fuerte que no pueda moverse.

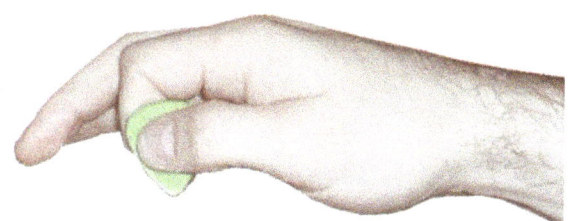

Tocar las cuerdas de la guitarra para hacer música es como usar un lápiz para hacer un dibujo. Cuando escribimos, sostenemos el lápiz cerca de la punta mientras apoyamos el borde de la mano en el papel, de esta manera podemos controlar el lápiz y escribir con claridad. Si sostuviéramos el lápiz más lejos de la punta sin apoyar la mano en el papel, nuestro dibujo se vería bastante desordenado. ¡Podrías intentar hacer un dibujo de una guitarra como esta y ver cuál se ve mejor!

En la página siguiente hay algunos ejemplos...

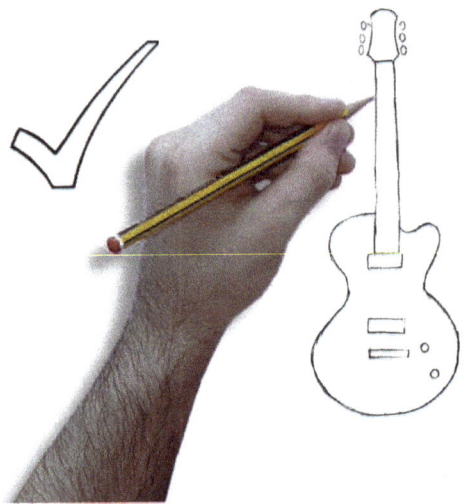 

¿Puedes ver la similitud entre los ejemplos de arriba y los de abajo sobre cómo debes tocar las cuerdas de la guitarra?

El músculo en la base del pulgar y la muñeca se apoya en la guitarra...

La mano está flotando sobre la guitarra, lo cual no es muy fácil de controlar...

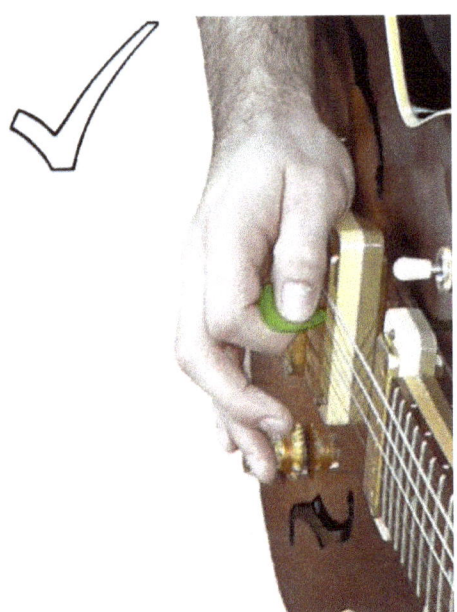 

Intenta pulsar las cuerdas así.

Al pulsar las cuerdas más altas, como las cuerdas Si (B) y Mi (E) alto, la mano puede descansar en las cuerdas más bajas. De todos modos, esto no importa si no estás tocando las cuerdas bajas, además impide que suenen si accidentalmente golpeas alguna de ellas.

TABLATURA

Antes de empezar a tocar música tenemos que aprender a leer lo que se llama tablatura, también conocido como "TAB" para abreviar.

¿Recuerdas cómo la cuerda que está en la parte de abajo de las seis cuerdas da una nota más alta y la cuerda de arriba da una nota más baja? Bueno, la tablatura muestra esto pero al revés. Esto es así para que coincida con la notación normal, que tiene notas más altas en las líneas más altas y notas más bajas en las líneas más bajas (la notación normal se ve en la página 29). A continuación se muestra un diagrama de una tablatura con una guitarra para mostrar cómo funciona. Las seis líneas de la tablatura son para las seis cuerdas de la guitarra. La forma en que se muestran las cuerdas es como si se mirara la guitarra mientras se toca.

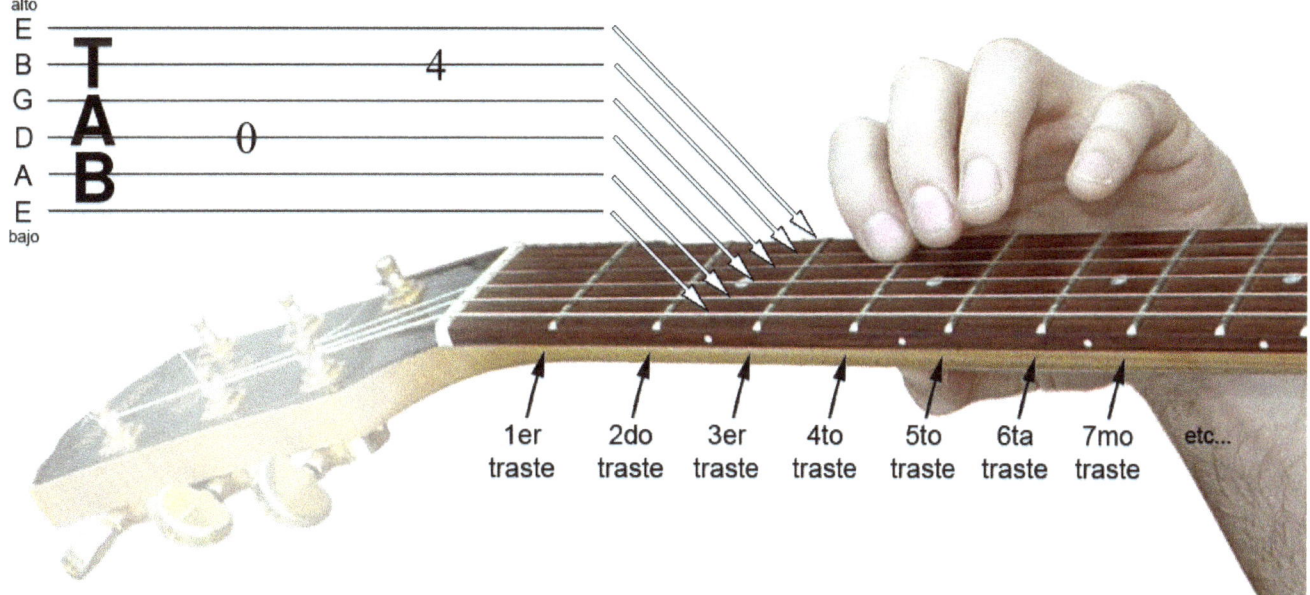

En la tablatura hay un 0 en la cuerda Re (D), esto significa que tocamos esa cuerda abierta. Abierta significa que la cuerda se toca sin presionar ninguno de los trastes. Después hay un número 4 en la cuerda Si (B), esto nos dice en qué traste tocar. Como es el número 4 tocamos el 4to traste de la cuerda Si (B), tal como lo hago en la foto.

La música está dividida en compases con *barras de compás*. El *tiempo* nos dice cómo contar una pieza musical; un poco como si dieras golpecitos con el pie para mantener el tiempo.

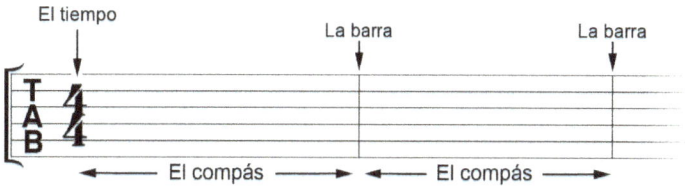

 Esto significa que hay cuatro tiempos por compás, así que contaríamos de esta manera...

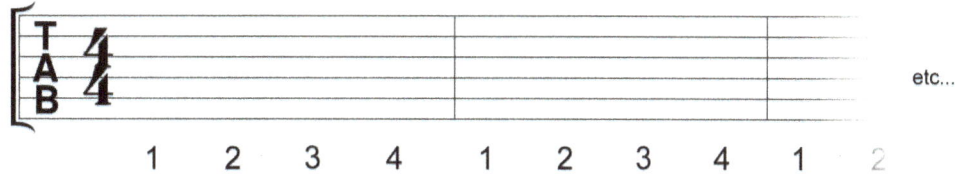

Comencemos a leer de la tablatura para hacer algo de música. En las piezas siguientes se usan sólo cuerdas abiertas. Se añaden números debajo para ayudar con el ritmo. Los números en círculos negros nos dicen cuándo tocar las notas, así que contarías "uno, dos, tres, cuatro, uno, dos, tres, cuatro", etc. y tocarías las notas que están en círculos negros. No te preocupes por las letras escritas arriba, son los acordes de la pista de acompañamiento.

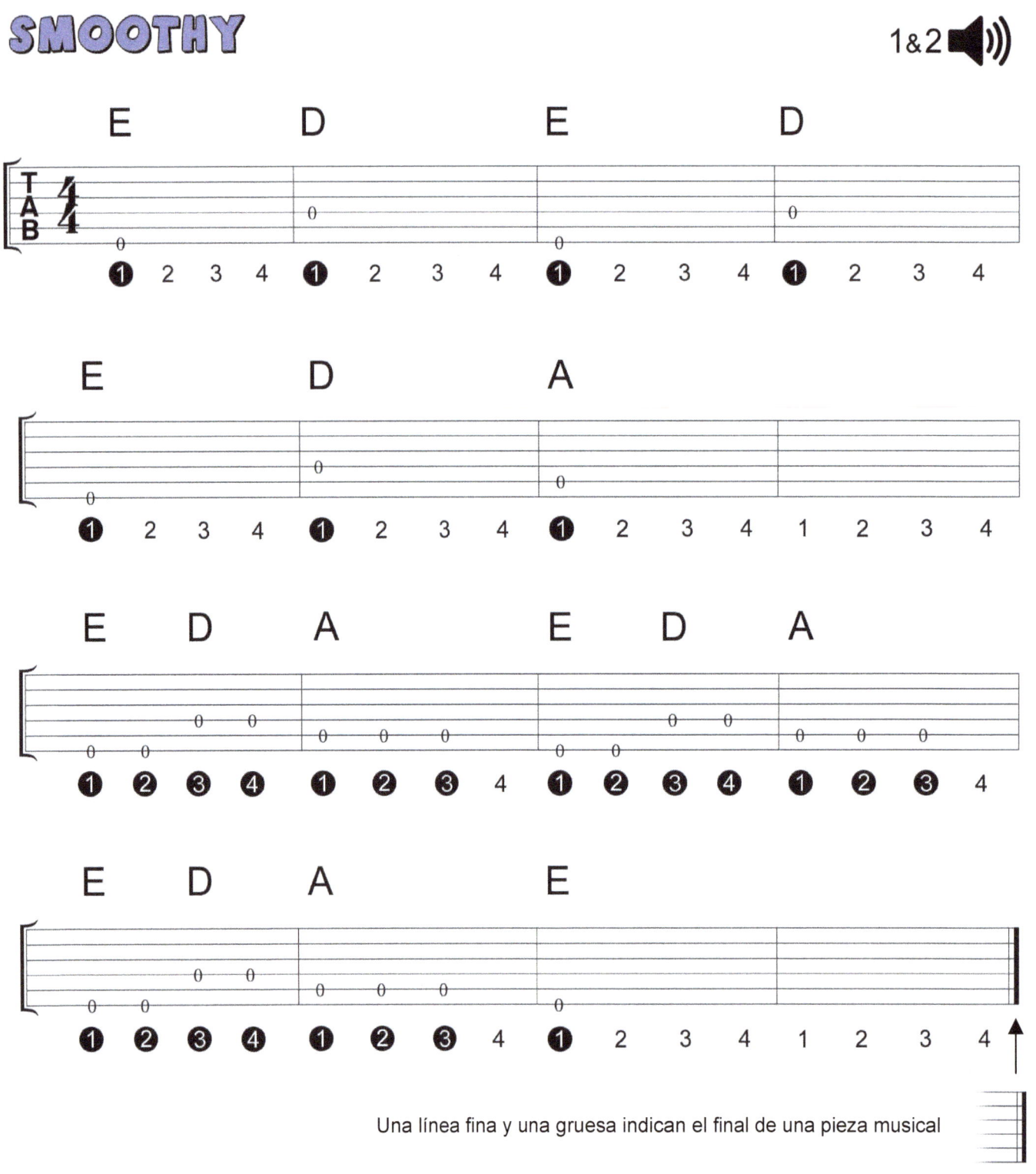

Una línea fina y una gruesa indican el final de una pieza musical

En la pieza de la página siguiente se usan las tres cuerdas más altas: Sol (G), Si (B) y Mi (E) alto. Recuerda que al tocar las cuerdas más altas tu mano puede descansar en las cuerdas más bajas como vimos al final de la página 8.

BRIGHT

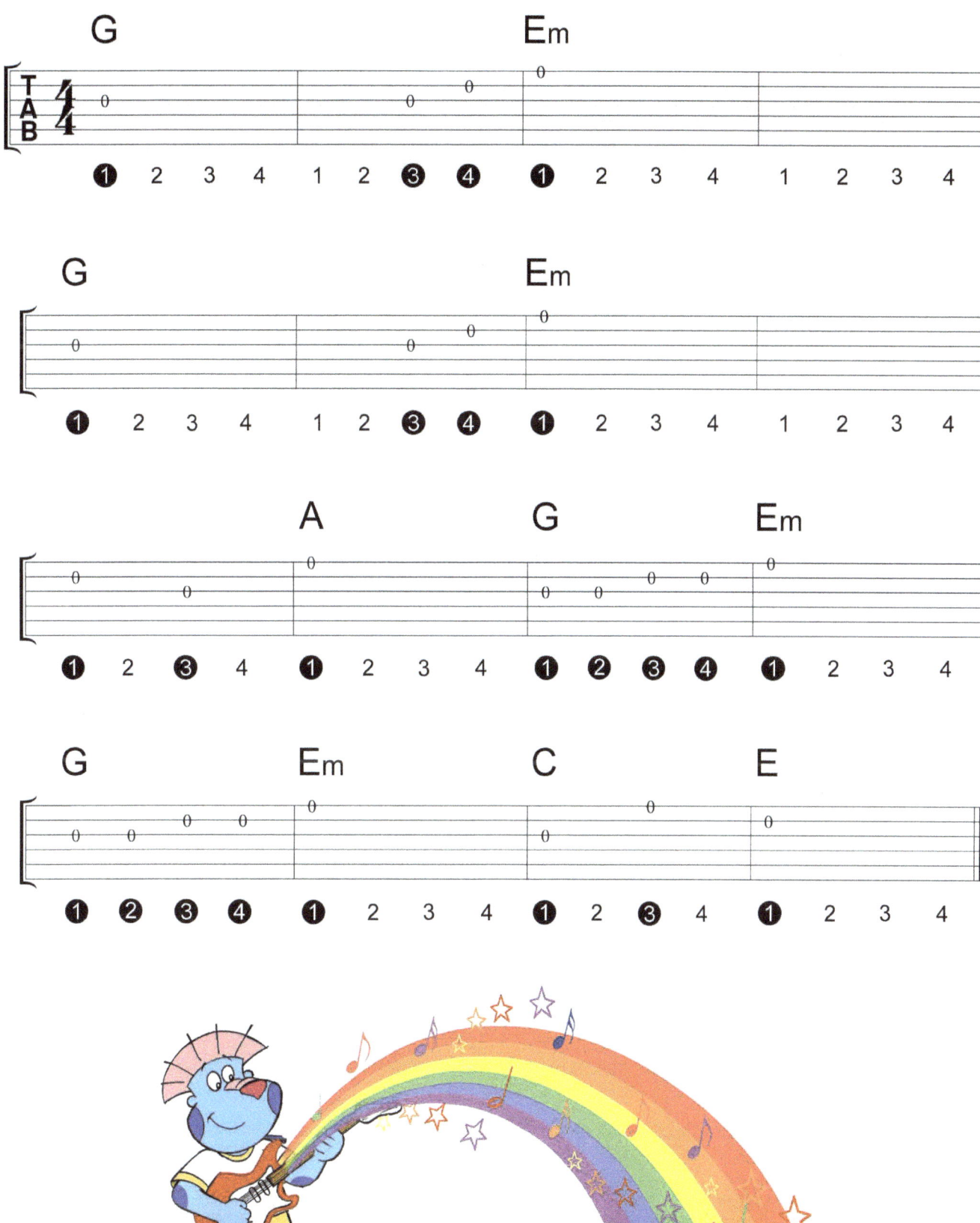

PÚA ALTERNADA

Hasta ahora puede ser que sólo hayas usado el movimiento de púa hacia abajo. También puedes usar el movimiento de púa hacia arriba o contrapúa. El puntear con un movimiento hacia abajo y uno hacia arriba se llama púa alternada o punteo alternado y es una de las técnicas más comunes en la guitarra.

La púa hacia abajo se indica con un arco:

La púa hacia arriba se indica con un punto:

La pieza siguiente tiene dos partes. Tocas la parte de arriba, una nota Mi (E) repetida. Usa la púa alternada y no olvides que puedes apoyar la mano en las cuerdas inferiores mientras tocas. La segunda parte, que está abajo, está en la pista de acompañamiento, pero puede tocarla tu profesor o un amigo.

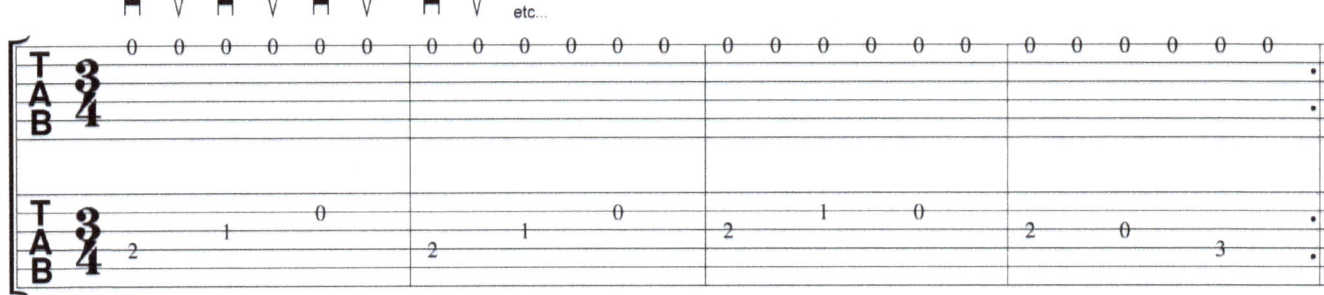

Los dos puntos junto a la doble línea fina y gruesa son un signo de repetición. Cuando llegues allí, vuelve al principio y repite.

Nota: Si te preguntas por qué el símbolo de la púa hacia arriba en realidad apunta hacia abajo, es porque proviene de la punta del arco del violín que va hacia el techo cuando se empuja el arco hacia arriba. El símbolo del movimiento hacia abajo proviene del otro extremo del arco, que se mueve hacia el suelo cuando se tira del arco hacia abajo.

El uso de la púa alternada al cambiar entre las diferentes cuerdas de la guitarra es una habilidad importante, así que sobre la página está el siguiente desafío. Es un ejercicio común convertido en una melodía...

HACIA ARRIBA Y HACIA ABAJO

(Up an Down)

7 & 8

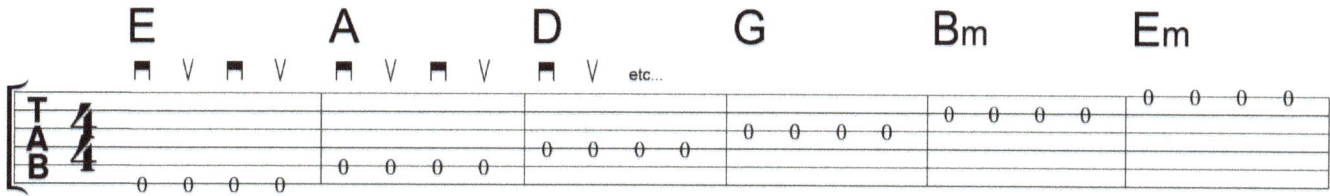

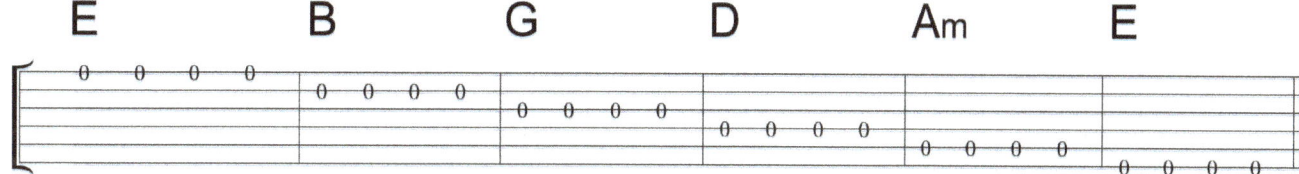

Trata de usar siempre la púa alternada cuando toques la guitarra de ahora en adelante.

TÉCNICA DE LA MANO EN EL DIAPASÓN

Muy pronto empezaremos a tocar canciones que también utilizan los trastes. Veamos la técnica para la mano del diapasón. Usa la punta del dedo para presionar la cuerda justo detrás del traste para las diferentes notas mientras pulsas la cuerda con la otra mano.

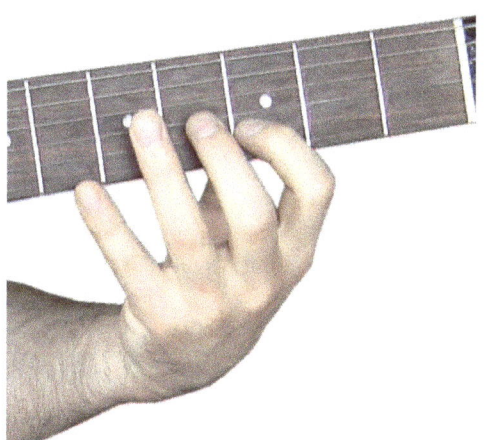

Podemos ver en ambas imágenes que la palma de la mano debe mantenerse alejada del cuello.

A la derecha vemos que el pulgar debe colocarse en la parte posterior del mástil en el medio, aproximadamente detrás del dedo medio.

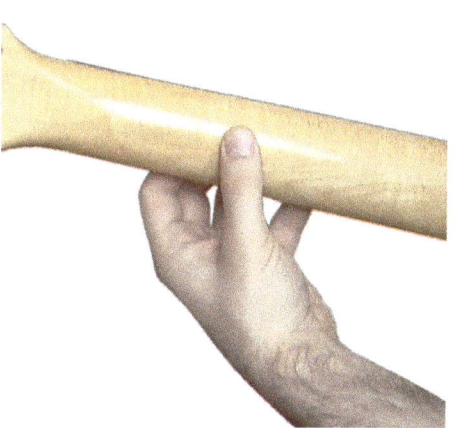

Trata de que las únicas partes en contacto con la guitarra sean las yemas de los dedos y la almohadilla del pulgar detrás del mástil, como en las fotos. Si la cuerda hace un zumbido, puede que tengas que presionar la punta del dedo un poco más fuerte. No es necesario presionar demasiado fuerte, porque tanto si presionas muy fuerte como si presionas sólo lo suficiente, la nota seguirá siendo clara. Prueba esto en diferentes cuerdas y trastes usando diferentes dedos (uno a la vez) para acostumbrarte a ello. No importa qué cuerda o traste, siempre y cuando uses la técnica correcta y logres una nota con sonido claro.

Nota: En algunos de los ejemplos de imágenes que aparecen más adelante en el libro (como acordes fáciles) los dedos que no se usan se mantienen alejados del diapasón. Esto es sólo para que puedas ver lo que están haciendo los otros dedos.

CANON EN A

9 & 10

Tocar las notas en la parte inferior del diapasón puede ser difícil al principio porque estás presionando hacia abajo cerca de donde las cuerdas están sostenidas por la cejilla. La pieza siguiente está escrita con esto en mente. Como se explica en la página 9, cuando hay números en la tablatura estos nos indican qué trastes tocar.

En la foto, ¿puedes ver los puntos blancos en el diapasón? Estos son para ayudarnos a encontrar los trastes. Para la pieza siguiente vamos a empezar en el 9no traste de la cuerda Mi (E) alta y usar los puntos para guiarnos hasta el 5to traste

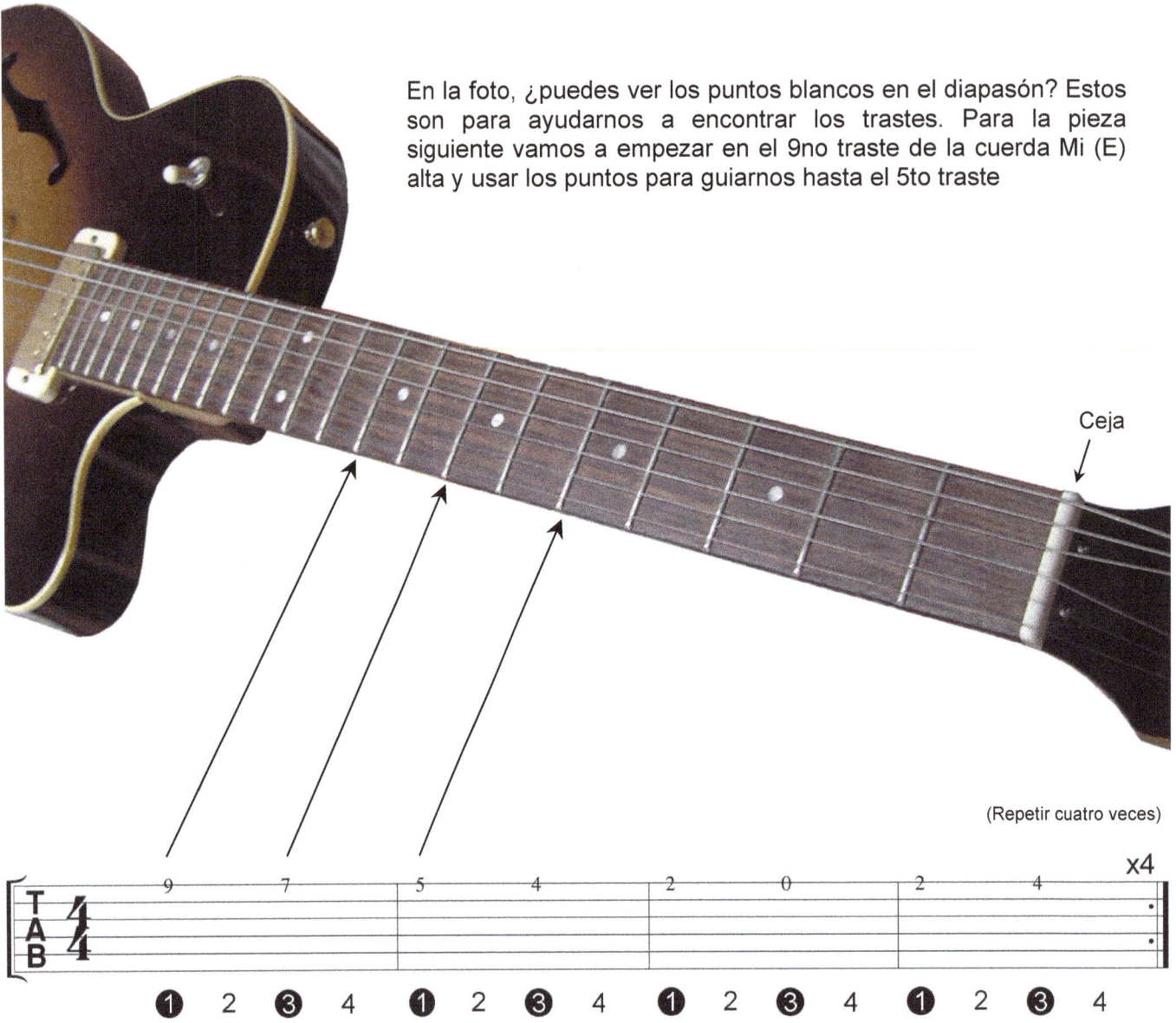

(Repetir cuatro veces)

Como antes, los números escritos debajo son para ayudarnos con el ritmo. Cuenta "uno, dos, tres, cuatro", etc. y toca las notas cuando los números estén en un círculo negro, así que toca las notas en los tiempos uno y tres.

> **Nota para el profesor:** Los acordes que acompañan a cada nota son La, Mi, Fa#m, Do#m, Re, La, Re, Mi (A, E, F#m, C#m, D, A, D, E).

Pronto tocaremos notas sobre trastes en diferentes cuerdas, pero primero algunos consejos...

Podrías habértelas arreglado tocando la última pieza con el mismo dedo en el diapasón, pero a partir de ahora tenemos que tener en cuenta qué dedos estamos usando. Los dedos están numerados del 1 al 4.

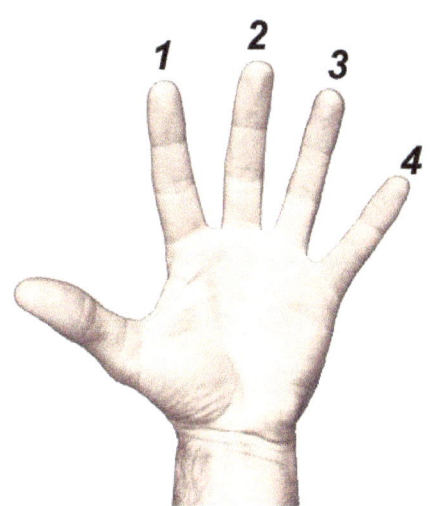

Cuando toques, intenta extender los dedos a través de varios trastes y trata de usar sólo esos dedos en esos trastes.

Aunque en la foto los dedos están juntos en los trastes para mostrar esto, en las piezas siguientes sólo tienes que colocar los dedos en los trastes que estás tocando.

Para la melodía siguiente usa el dedo 3 para las notas que están en el 3er traste y el dedo 2 para las notas que están en el 2do traste (no importa en qué cuerda esté la nota). Con la práctica esto resulta más fácil porque la mano no necesita moverse hacia arriba y abajo del mástil y los dedos no terminarán enredados porque están organizados...

ROCK DEL DIAPASÓN
(Fret Rock)

11, 12 & 13

Una vez que hayas tocado la repetición, continúa con la pieza.

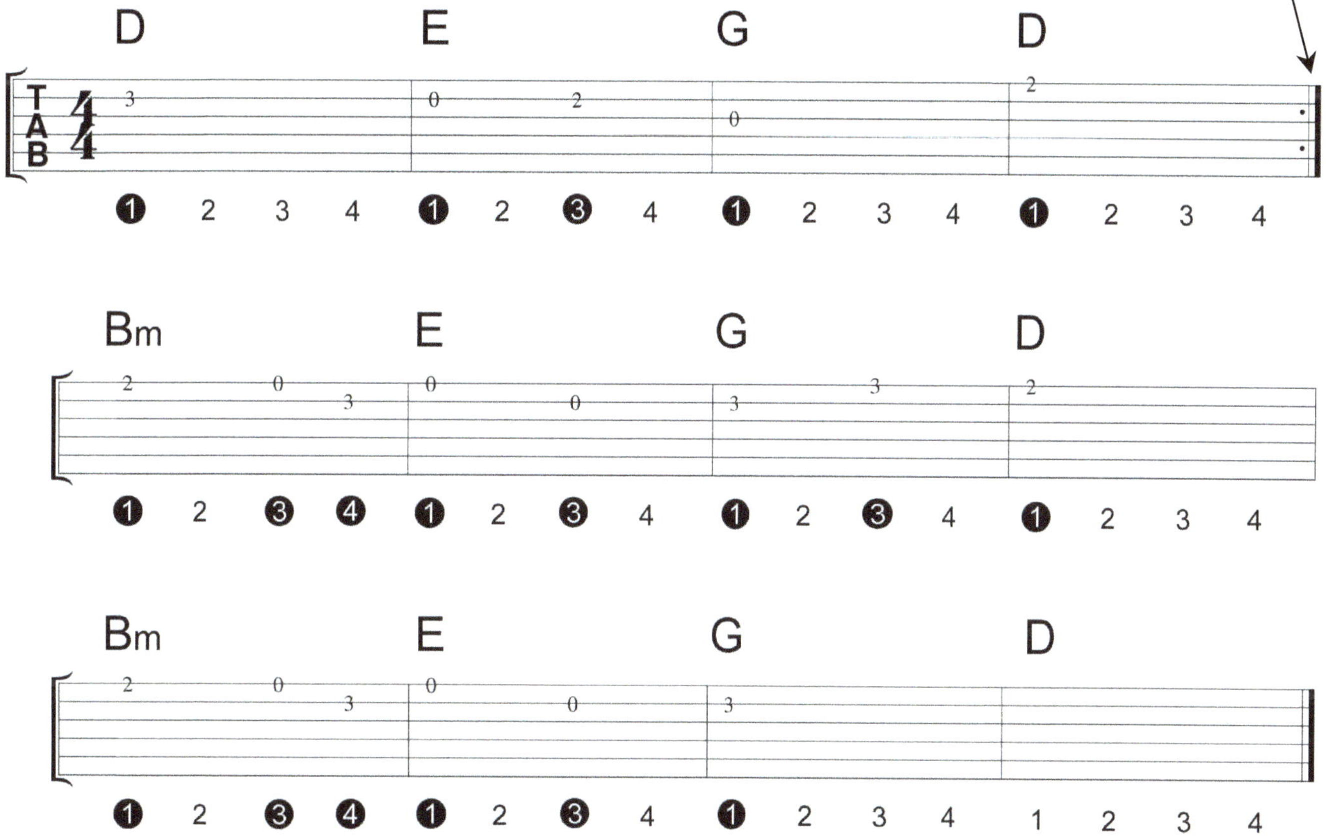

Usa la misma digitación para esta pieza. El ritmo es el mismo en todo momento. Las notas de los tiempos 3 y 4 conducen a la nota del tiempo 1 del compás siguiente. Cuando cuento en la pista de acompañamiento, empiezas a tocar en el tiempo 3 (la banda entra un poco más tarde en el tiempo 1 del segundo compás).

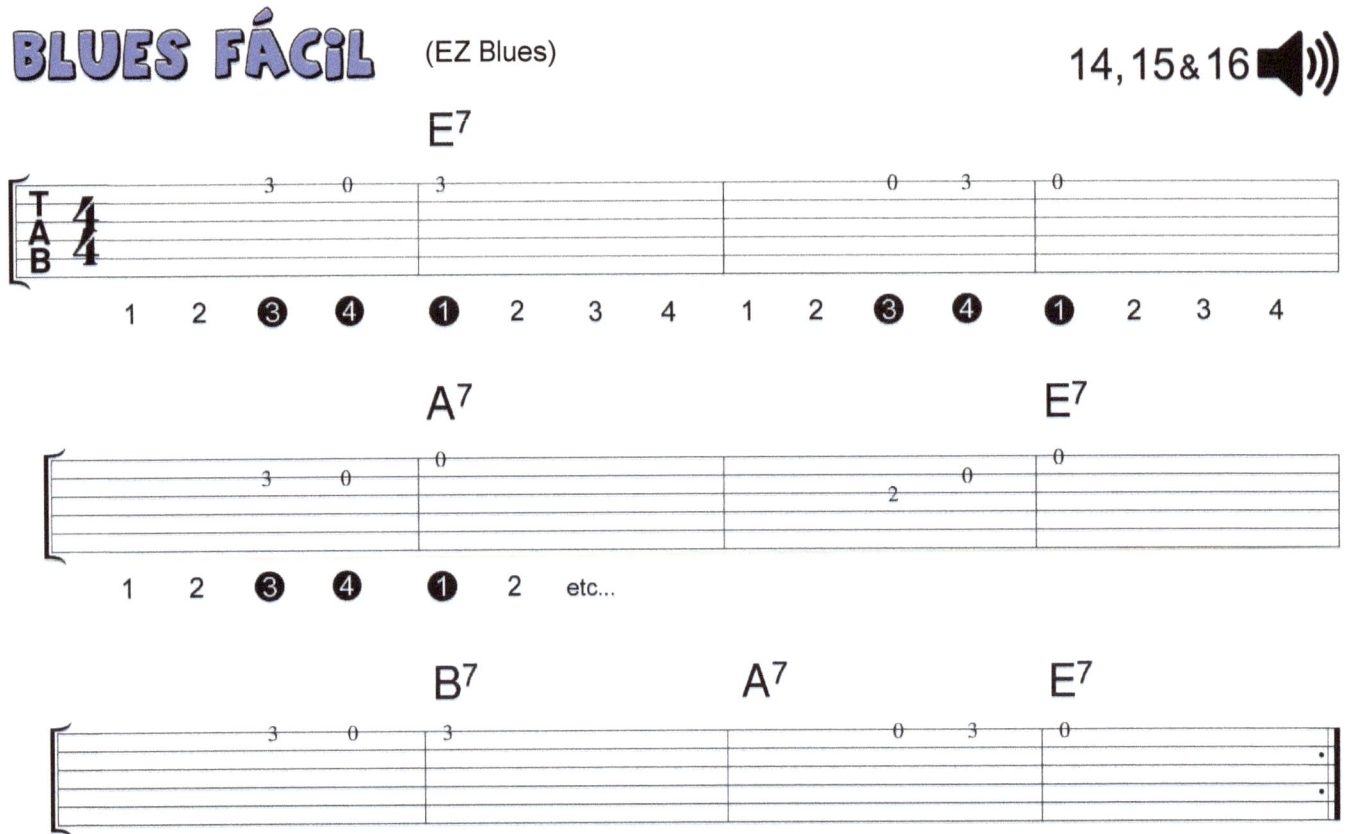

Nota: Puede ayudarte si tocas las notas primero sin preocuparte por el ritmo. Después de esto, practica el ritmo por separado contando "uno, dos, tres, cuatro, uno, dos, tres, cuatro", etc. y aplaude con las manos en los tiempos marcados en negro. Una vez que lo hayas hecho, trata de tocar las notas al ritmo. Puedes hacer los mismo para las dos piezas siguientes. Prueba las notas y el ritmo por separado al principio, y luego juntos.

Pregunta: *Si hubiera alguna nota en el primer traste para esta melodía, ¿qué dedo deberías usar?*

Respuesta: el primer dedo

Esta melodía está en un estilo vaquero tranquilo, y al igual que la última pieza empiezas a tocar en el tiempo 3 mientras cuento en la pista de acompañamiento. Usa el mismo ritmo que en el Blues fácil pero en este estilo suena diferente. En el primer compás de la tercera línea tienes que subir hasta el 5to traste de la cuerda Mi (E) alta. Usa el dedo 3 (o el 4) para esto y luego mueve la mano hacia abajo para el resto de la pieza.

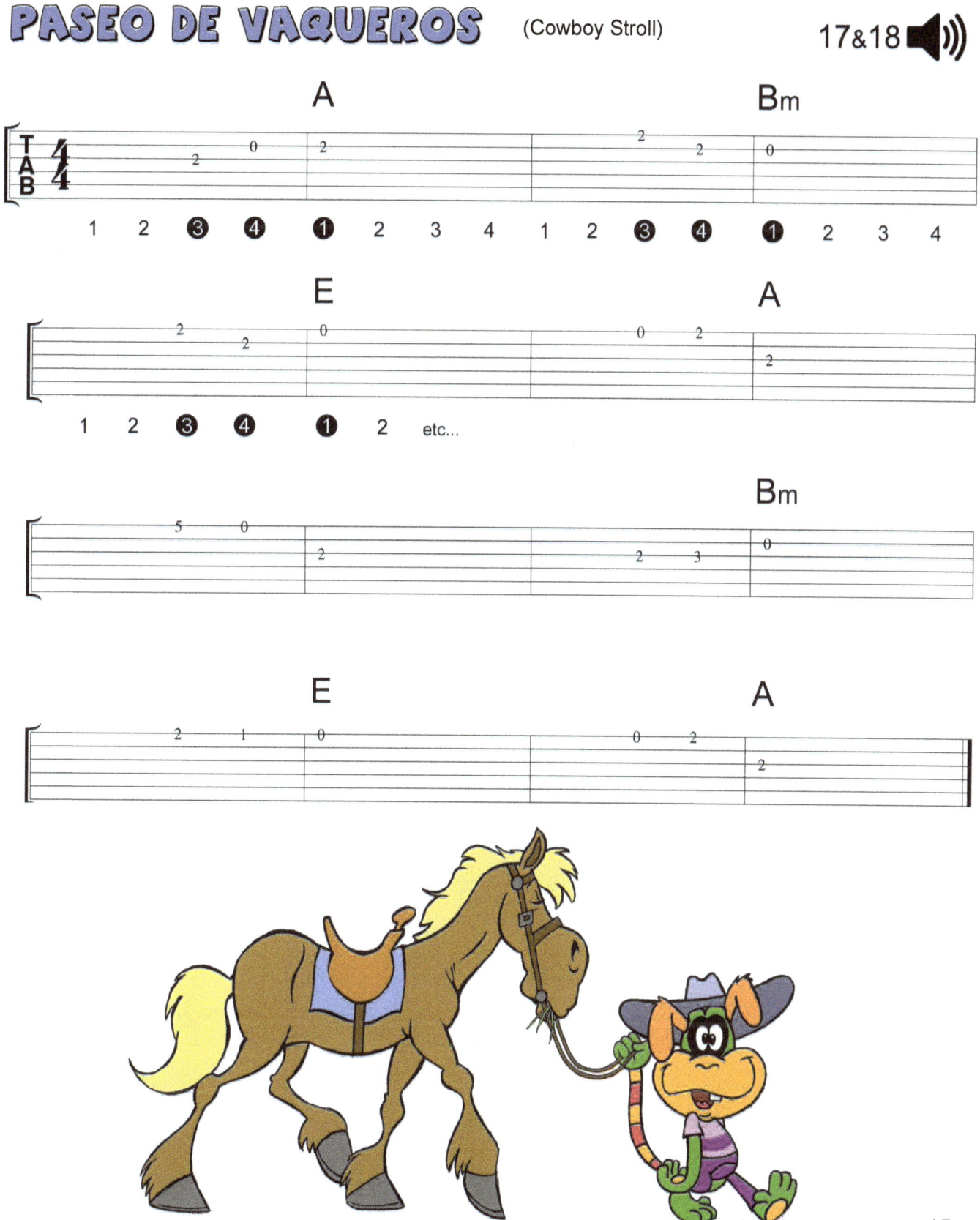

LA CASA DEL BOLLO NACIENTE

(House of the Rising Bun)

19, 20 & 21 🔊

Esta pieza tiene 6 tiempos por compás. Empiezas a tocar en el tiempo 6 mientras cuento en la pista de acompañamiento.

Al final del quinto compás (segunda línea) la melodía sube hasta el 5to traste, por lo que tenemos que cambiar la posición de la mano para usar el dedo 3 en el 5to traste, y el dedo 1 en el 3er traste (para el 7mo compás) como se muestra en la imagen de la derecha. En el compás 11 (al final de la tercera línea) podemos volver a desplazar la mano hacia abajo.

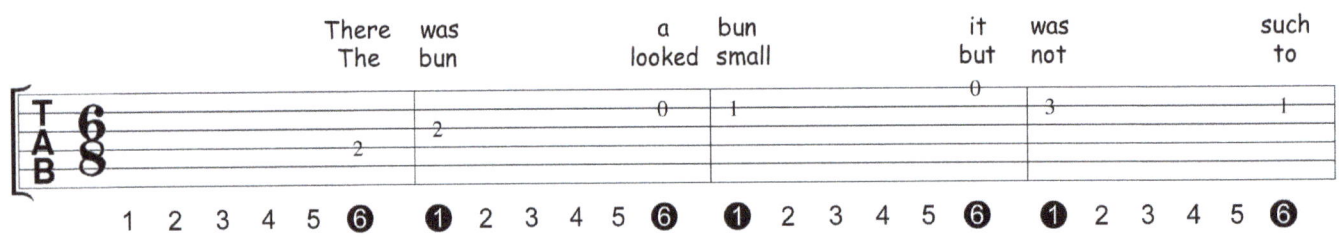

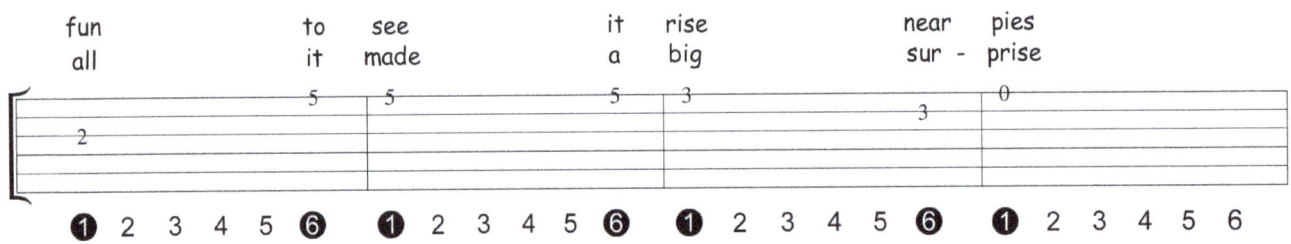

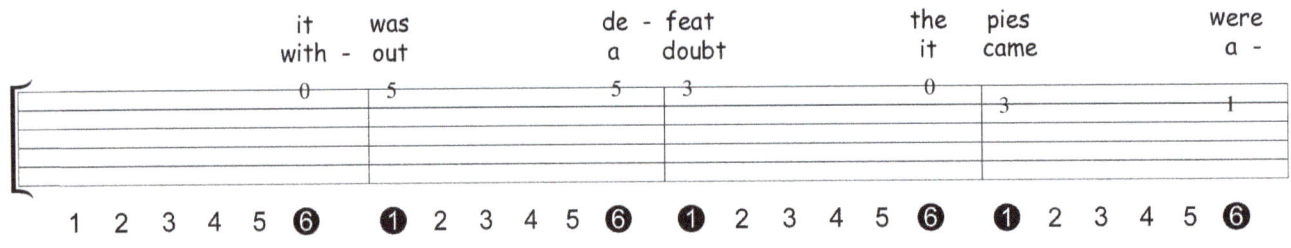

ACORDES

Los acordes son notas que se tocan al mismo tiempo. Abajo hay un diagrama de acordes que muestra la versión fácil de un acorde de Sol (G) mayor acompañado de una imagen. También se muestra la versión completa de los acordes para que puedas practicarlos más tarde cuando seas un poco más grande o cuando tus dedos sean un poco más fuertes. Sigue con los acordes fáciles por ahora.

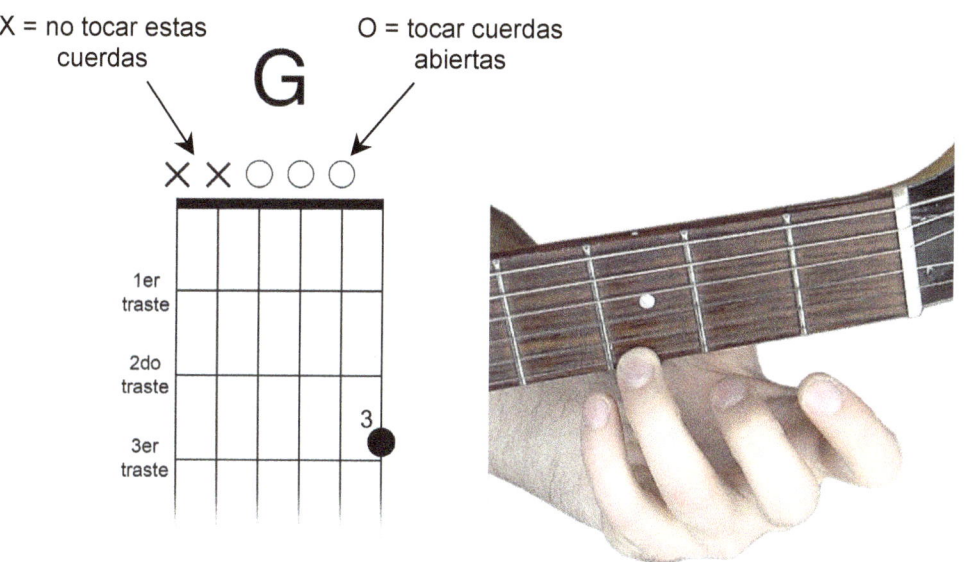
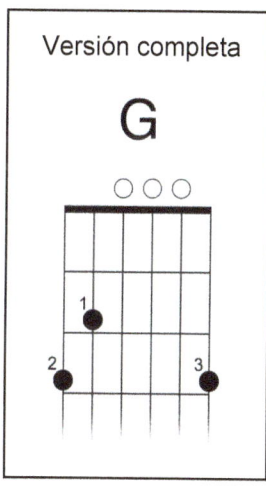

Asegúrate de oír claramente todas las cuerdas del acorde sin zumbidos. Al principio puede ser útil tocar lentamente una cuerda a la vez para que realmente podamos escuchar cada cuerda y corregir cualquier error, como por ejemplo un dedo que no está colocado correctamente o que accidentalmente toque otra cuerda y la silencie.

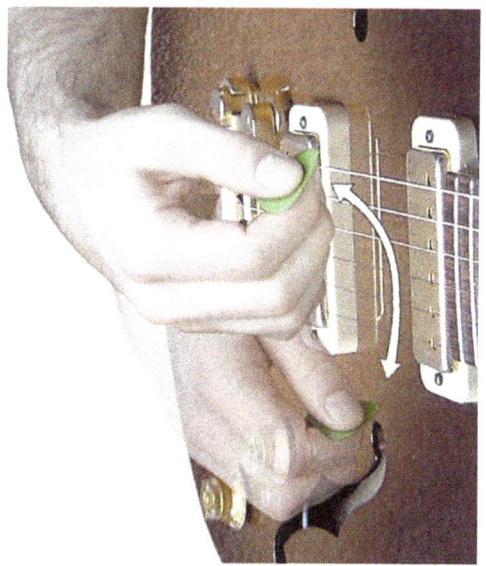

Después de esto puedes empezar a rasguear. Cuando rasguees acordes fáciles sólo tienes que tocar algunas de las cuerdas y evitar otras. Podemos hacerlo más fácil cambiando el ángulo del rasgueo como se muestra en la imagen de la izquierda. Prueba rasgueando el acorde fácil de Sol (G) de esta manera.

Haz lo mismo con todos los acordes que siguen. Toca despacio al principio para asegurarte de que el acorde esté claro y luego rasguea.

Hasta ahora hemos usado la tablatura pero ahora tenemos que empezar a ver la notación convencional para leer el ritmo. Para ello usamos el pentagrama musical de 5 líneas, como se muestra a la derecha. El compás es el mismo, pero ahora hay un símbolo llamado *clave de Sol*.

Cuando se indica sólo el ritmo, las notas tienen bordes rectos como se muestra a la derecha. La duración de una nota es el *valor de la nota*. Los primeros valores de nota que veremos son el **cuarto de nota** y la **media nota** (también conocidas como la negra y la blanca). Una negra dura 1 tiempo y una blanca dura el doble (o sea que una blanca dura 2 tiempos).

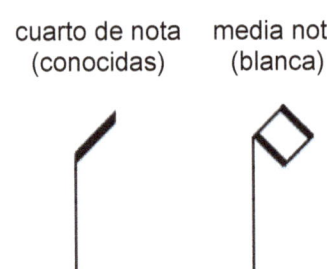

Para mostrarnos cómo funcionan estos valores de las notas, los números que ya conocemos están debajo del pentagrama, así que en el ejercicio siguiente rasguea el acorde fácil de Sol (G) en los números marcados con un círculo negro. Los dos últimos compases se han omitido pero tienen el mismo ritmo que los dos primeros...

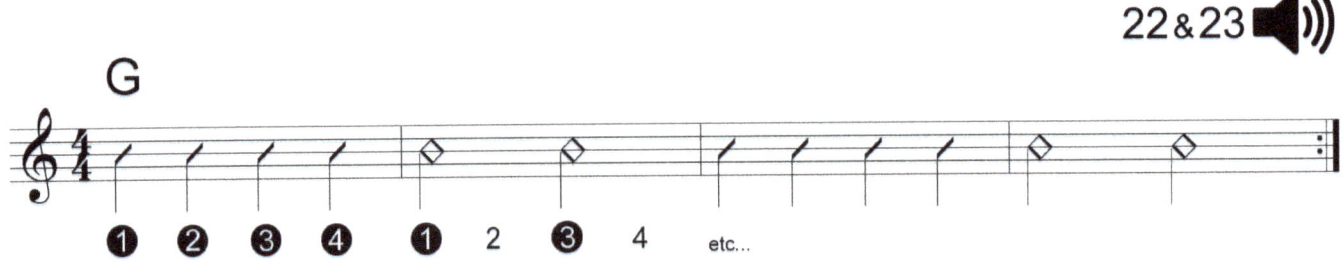

El acorde siguiente es **C MAYOR** (hasta ahora en este libro no hemos usado el primer traste)...

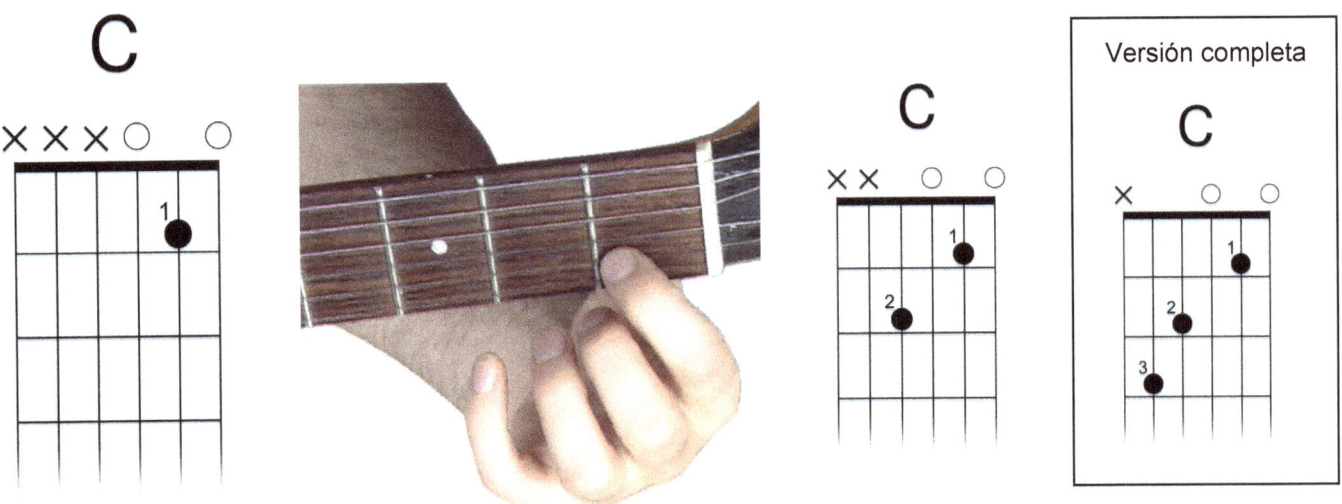

El ejercicio para este acorde está en la página siguiente...

Este símbolo 𝄽 es un **silencio de negra**, lo que significa que no se toca durante 1 tiempo (la misma longitud que una negra). Para los descansos puedes usar la mano para silenciar las cuerdas, como se muestra en la imagen de la derecha...

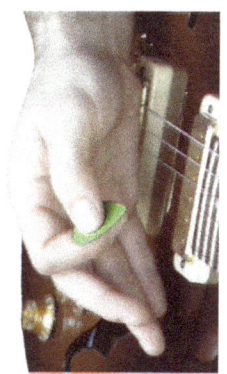

Nota: Para el ejercicio siguiente (y todos los demás de esta sección) puede ser útil practicar sólo cambiando lentamente entre los acordes al principio. Luego, cuando toques el ejercicio, puede ser una buena idea tocarlo todo con un solo acorde para que puedas concentrarte en el ritmo. Una vez que hayas aprendido eso, intenta tocarlo con el cambio de acordes.

24 & 25 🔊

El acorde siguiente es **G7**

Este símbolo ▬ es un **silencio de negra**, lo que significa que no se toca durante 1 tiempo (la misma longitud que una negra).

26 & 27 🔊

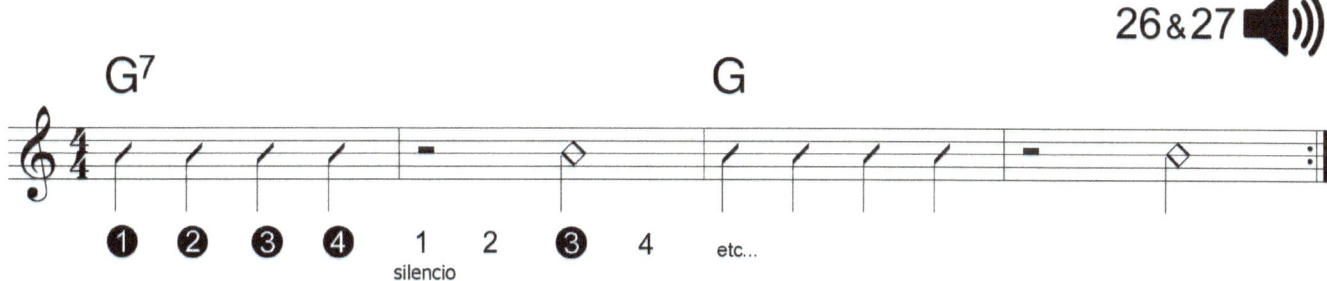

21

E MENOR

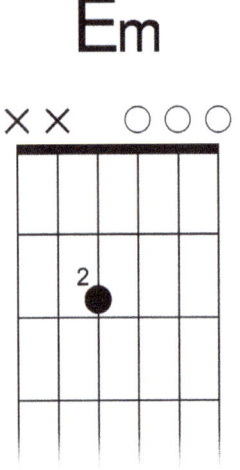
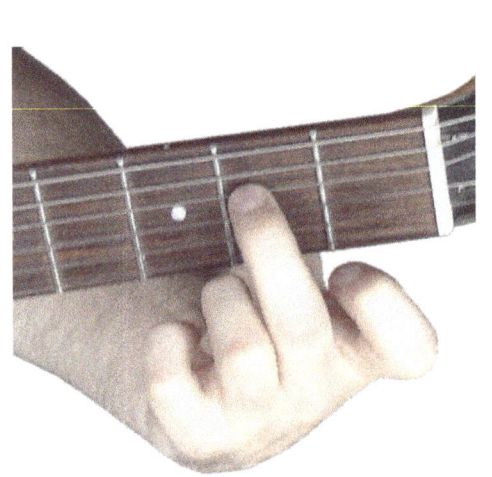
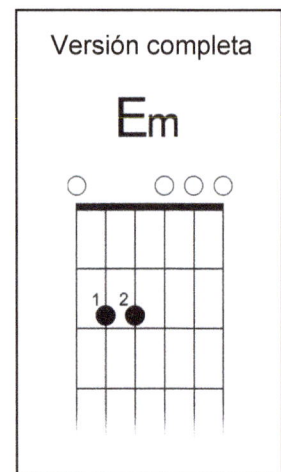

Versión completa

Nota: No olvides que puedes practicar los ejercicios con un solo acorde al principio para acostumbrarte al ritmo.

28 & 29

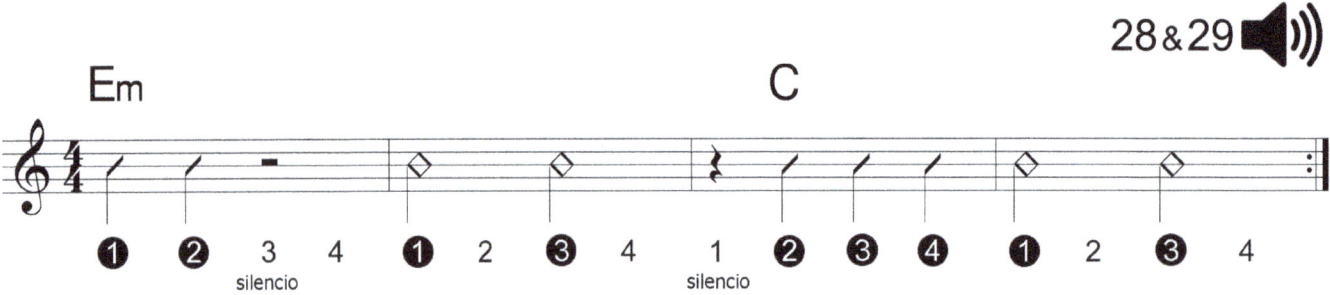

A MENOR

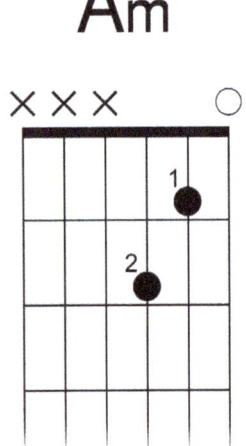

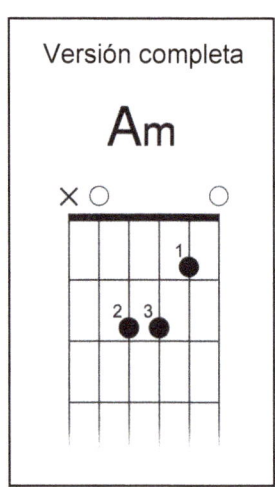

Versión completa

El ejercicio para este acorde está en la página siguiente...

D MAYOR (no hay una versión fácil para este)...

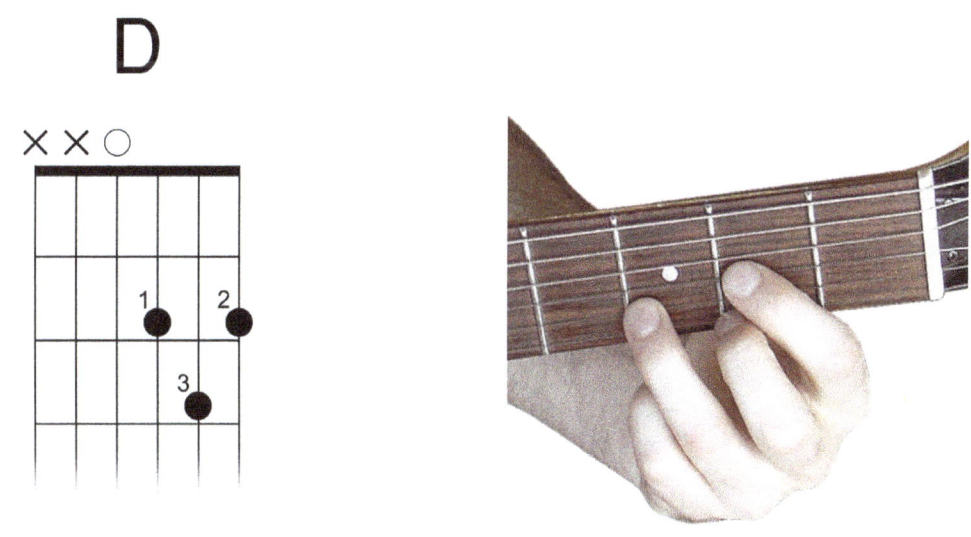

No hay números de ritmo para este ejercicio. Lee el ritmo de los símbolos de las notas (el ritmo de cada línea es el mismo que el de los dos últimos ejercicios juntos)...

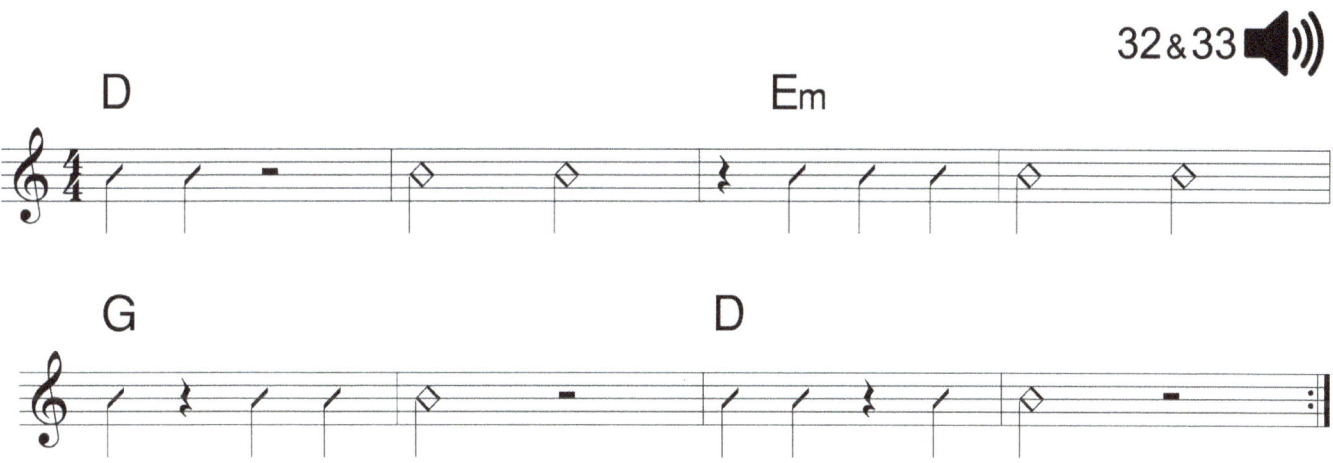

Bueno, son suficientes ejercicios. Ahora, algunas piezas musicales para que las toques usando los acordes fáciles.

REGGAE FÁCIL (EZ Reggae)

Esta ◇ es una **nota entera**, también llamada redonda, que dura 4 tiempos. En la pieza siguiente se usa una nota entera en el último compás de cada línea, así que deja que el acorde dure los 4 tiempos de esos compases.

ROCK FÁCIL (EZ Rock)

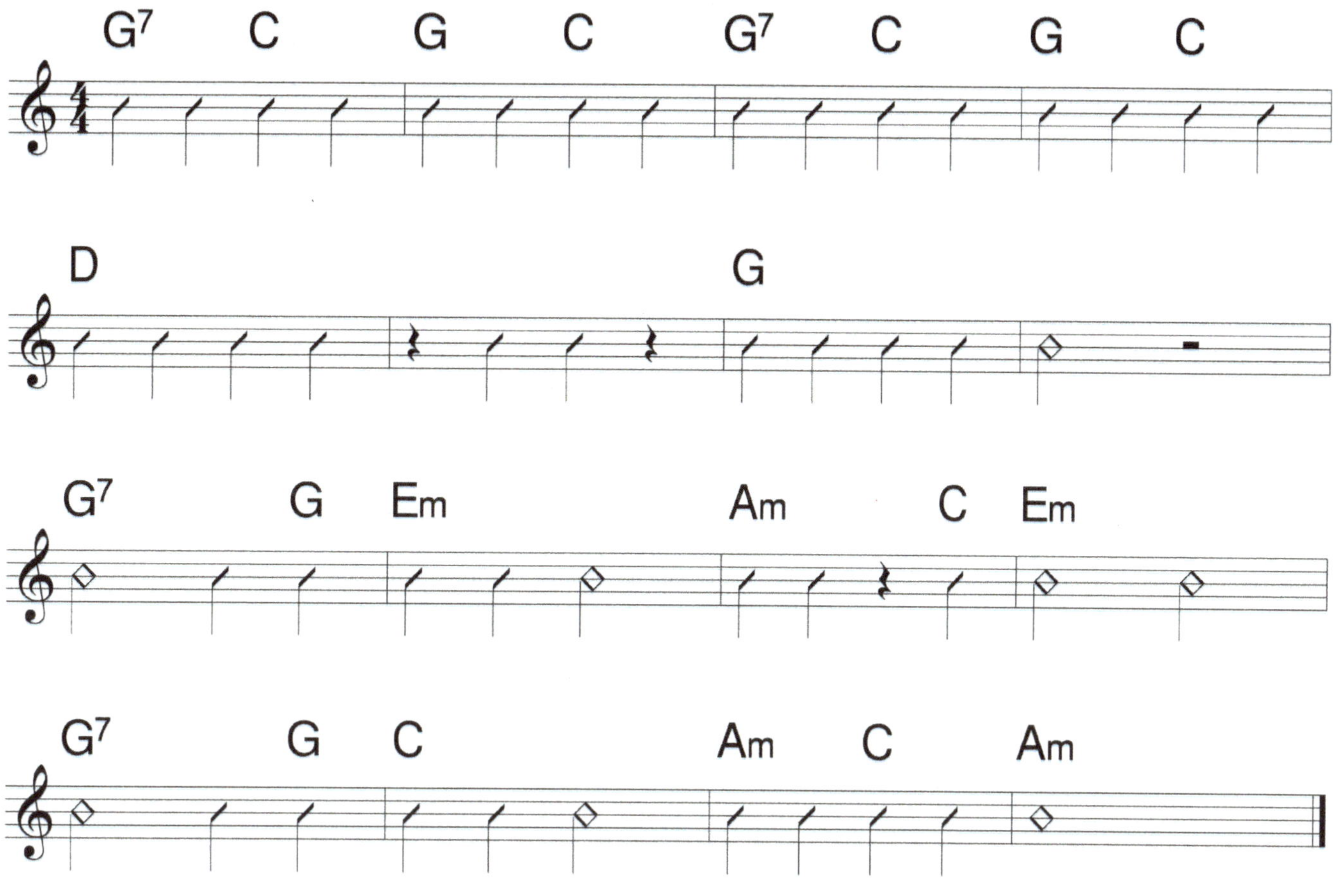

Vamos a tocar otra melodía. En la página siguiente está el Blues fácil de antes en el libro, pero con una parte de guitarra añadida escrita abajo.

Podrías tratar de tocar cualquiera de las dos partes en la pista 39 o 40. En la pista 41 se han eliminado ambas partes para que puedas tocar ambas partes entre tú y un amigo.

BLUES FÁCIL PARA DOS

(EZ Blues for Two)

38, 39, 40 & 41 🔊

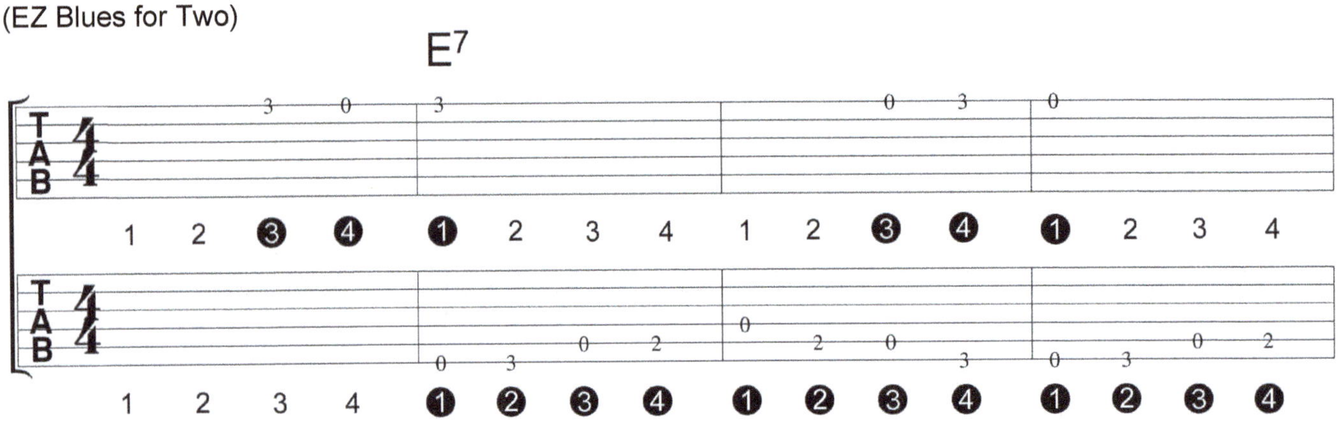

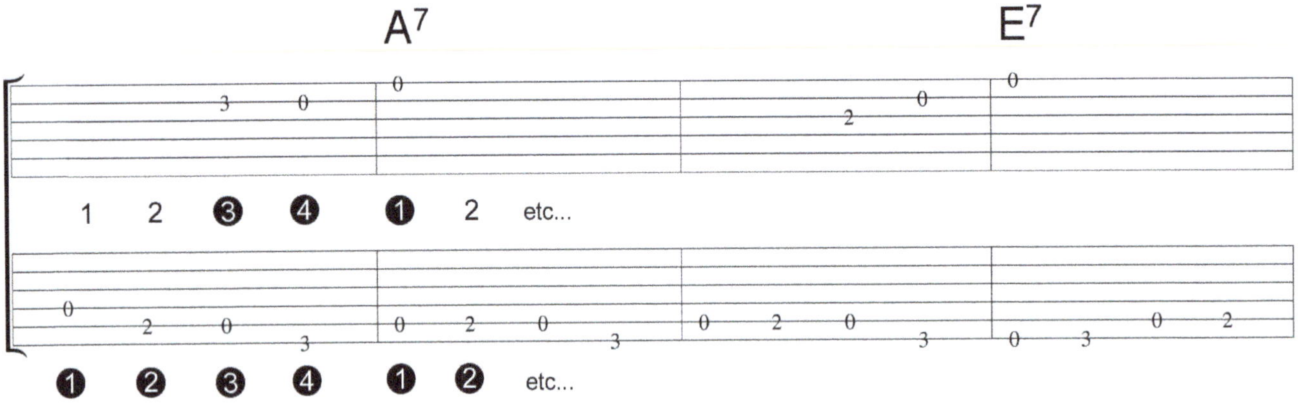

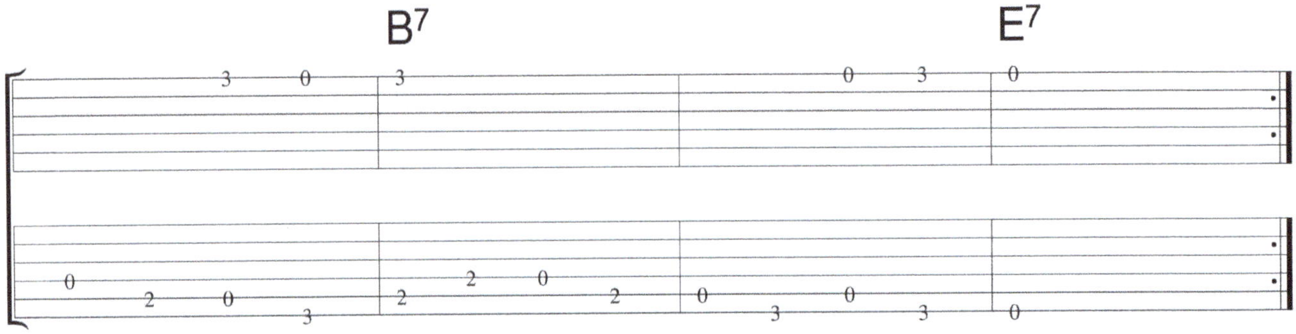

Si juntas las notas de ambas partes obtienes una de las escalas más usadas para la guitarra, la escala pentatónica menor. Aquí hay una escala pentatónica de Mi (E) menor (los números debajo muestran qué dedos usar). Apréndela, ya que se utilizará en la siguiente sección...

ACORDES DE POTENCIA

Los acordes de potencia son bastante básicos pero tienen un sonido fuerte y se usan a menudo en la música rock. Para estas versiones sólo necesitas usar un dedo en el diapasón. Toca las dos cuerdas con un movimiento de púa hacia abajo (¡asegúrate de tocar las cuerdas correctas!).

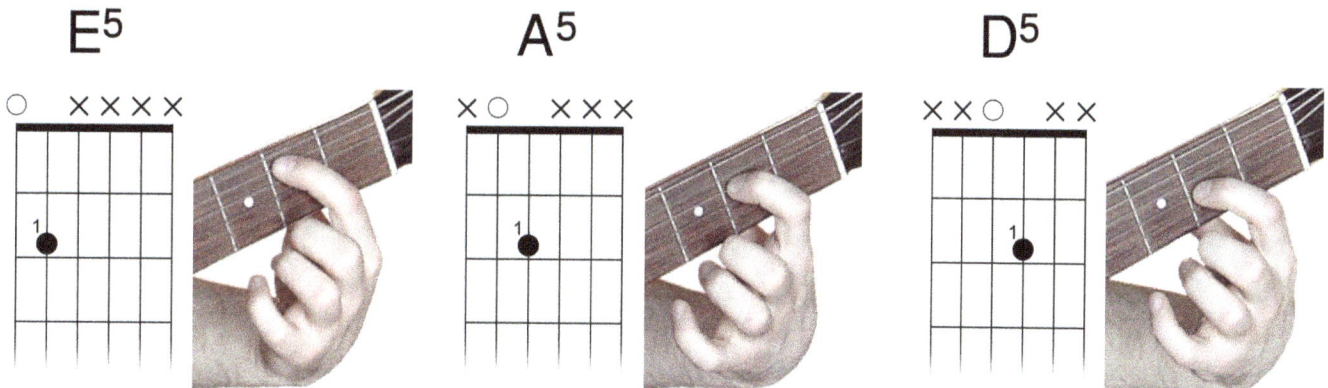

Practica estos acordes de potencia por separado para acostumbrarte a ellos. Para la melodía siguiente lee y sigue el ritmo que aprendimos en la sección de acordes fáciles, pero ahora usando estos acordes de potencia...

BRÓCOLI ROCKILLY

Los acordes de potencia van bien con la escala pentatónica menor, así que la pieza de la página siguiente tiene dos partes de guitarra. Una tiene acordes de potencia con un ritmo muy sencillo y la otra es una melodía que usa notas de la escala pentatónica menor de Mi (E) que vimos en la página anterior. Podrías intentar tocar cualquiera de las partes en la pista 45 o 46. En la pista 47 se han eliminado ambas partes, así que puedes tocar con un amigo o puedes intentar tocar ambas partes.

Este ▬ es un silencio de nota entera o redonda, lo que significa que *no* se toca durante 4 tiempos (la misma longitud que una nota entera).

ENSALADA DE ROCK   (Rocket Salad)

LECTURA A PRIMERA VISTA

Ya hemos visto diferentes valores de notas para el ritmo, lo que nos da una ventaja porque ahora la única parte nueva para la lectura musical es cómo leer los diferentes tonos o alturas de las notas. Aunque sus valores siguen siendo los mismos (duran tanto como antes) los símbolos están redondeados. Aquí están los símbolos rítmicos que usamos antes pero que ahora se muestran como notas normales...

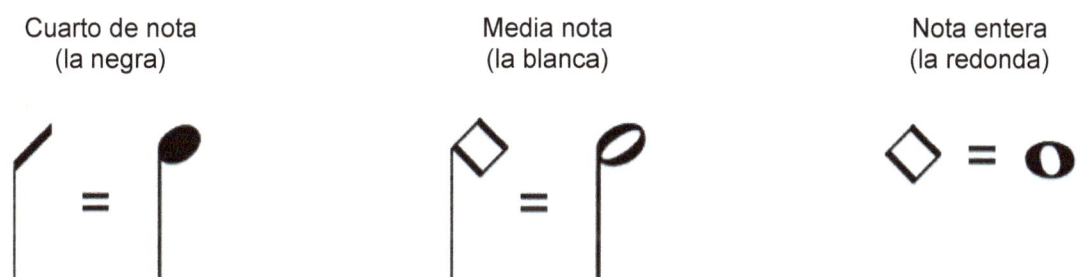

Cuarto de nota (la negra)
Media nota (la blanca)
Nota entera (la redonda)

Las 5 líneas del pentagrama musical no representan cuerdas como las 6 líneas de la tablatura (de lo contrario tendría 6 líneas). Las líneas del Pentagrama son como un gráfico que nos muestra la altura de la nota. Las notas pueden estar en las líneas o entre ellas y cuanto más arriba está la nota en el pentagrama tanto más alta suena, mientras que cuanto más abajo está la nota en el pentagrama, tanto más baja suena.

Esta nota es más alta
Esta nota es más baja

Más adelante en esta sección hay algunas piezas musicales populares para leer, algunas de las cuales quizás conozcas, que pueden ayudarte a decir si suena correcto o no. Primero tenemos que mirar algunas notas. Comencemos con notas en la cuerda Mi (E) alto. Mi (E), Fa (F) y Sol (G). Estas notas son bastante altas, por lo que se encuentran alrededor de la línea superior del pentagrama...

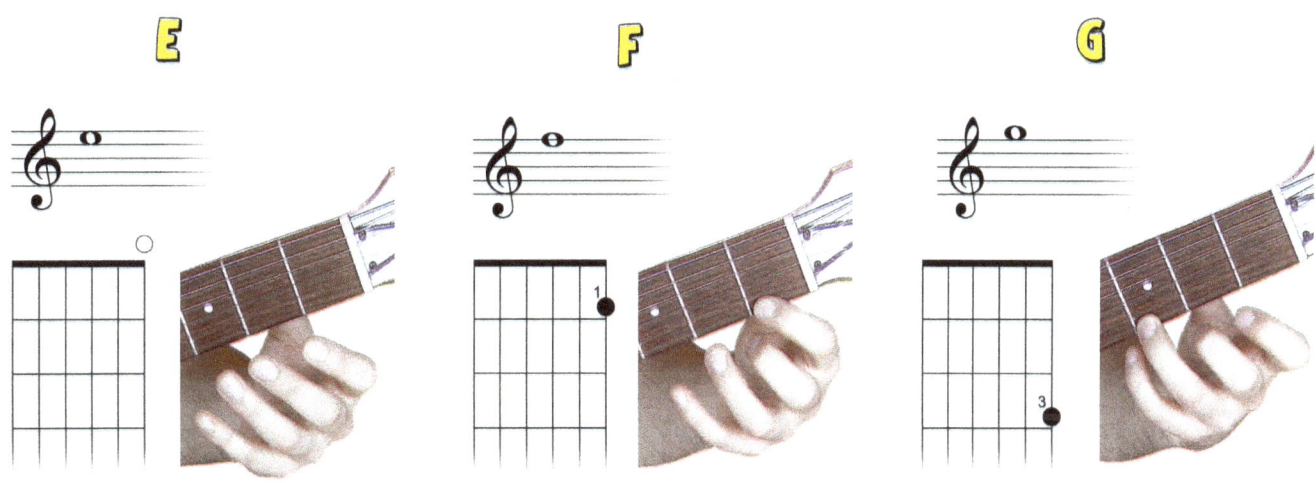

Prueba la pieza en la página siguiente, que usa estas tres notas. Las letras de arriba son acordes fáciles que podría tocarlos un amigo o tu profesor...

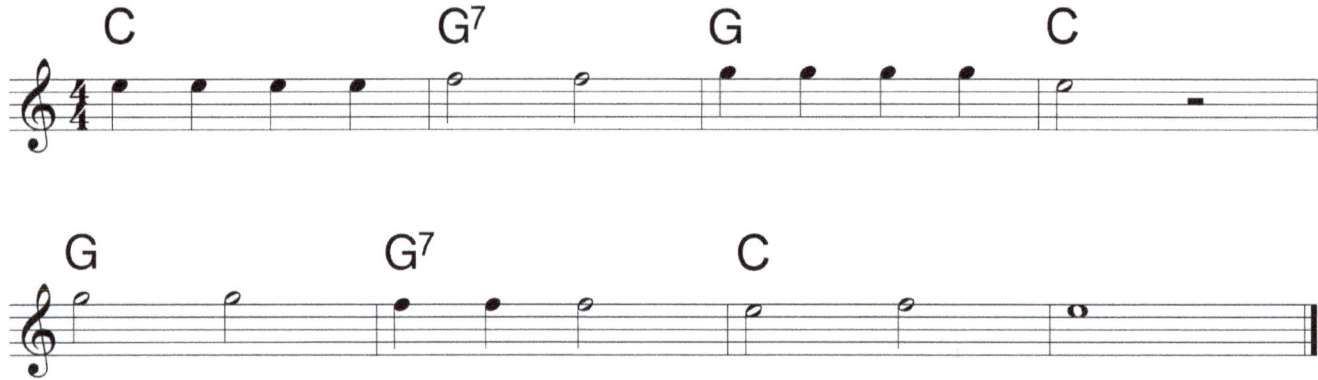

Ahora, algunas notas en la cuerda Si (B). Si (B), Do (C) y Re (D)...

Prueba la pieza siguiente, que usa estas tres notas...

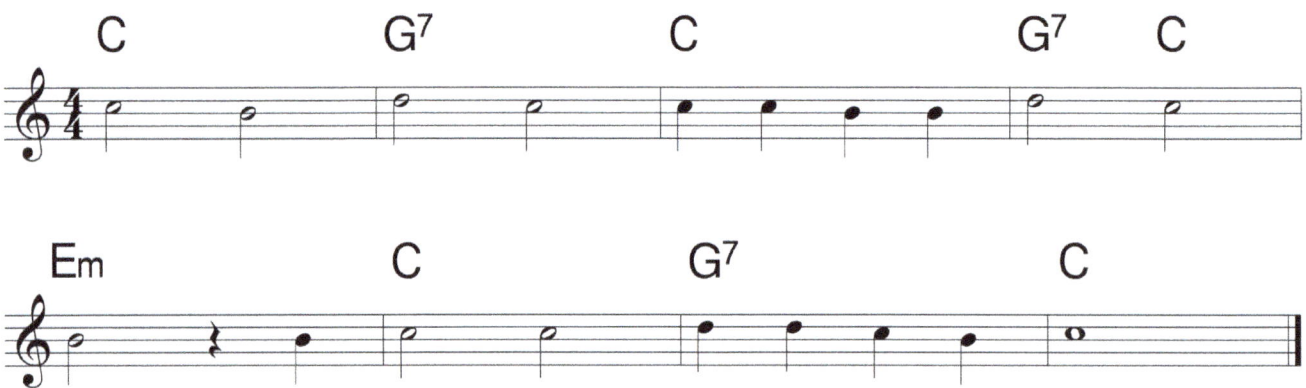

Ahora notas en la cuerda Sol (G). Sol (G) y La (A)...

Esta pieza usa estas notas de la cuerda de Sol (G) pero también un par de notas de la cuerda de Si (B)...

Nota: Las plicas de las notas Sol (G) y La (A) apuntan hacia arriba, y todas las notas inferiores a éstas tienen las plicas apuntando hacia arriba. Esto es para que el pentagrama se vea ordenado dependiendo de cuán alta o baja sea la nota.

Probemos algunas melodías con las notas que acabamos de estudiar. Aquí hay una parte de "El viejo MacDonald tenía una granja"...

EL VIEJO MACDONALD

ODA A LA ALEGRÍA

Cuidado con los silencios de negras en la pieza siguiente. En el primer compás la primera nota que tocas está en el tiempo 2, también hay otro compás donde es así...

CUANDO LOS SANTOS ENTRAN MARCHANDO

No hay silencios en esta pieza pero usa todas las notas que vimos hasta ahora...

BOLLOS CALIENTES

PREGUNTAS

¿Qué son estos símbolos?

1.
_____

2.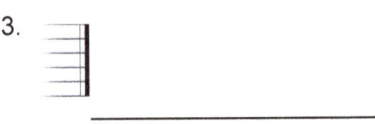
_____

3.
_____

4.
_____

5.
_____

6.
_____

7.
_____

8.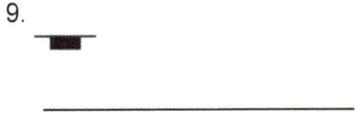
_____

9.
_____

10.
_____

11.
_____

12.
_____

13.
_____

14.
_____

15.
_____

16. Traza una línea entre las notas del pentagrama hasta sus nombres correctos abajo...

     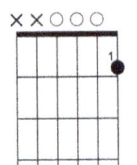 

Si (B)   Sol (G)   Mi (E)   Fa (F)   La (A)   Do (C)   Re (D)

17. Traza una línea entre los diagramas de acordes y sus nombres correctos abajo...

  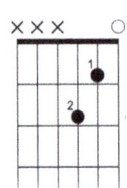 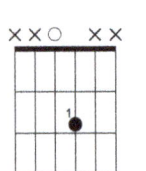 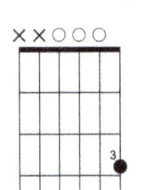 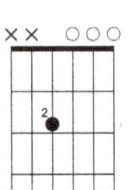 

A5   D mayor   A menor   E5   C mayor   G mayor   G7   D5   E menor

RESPUESTAS

1. Clave de Sol
2. El tiempo
3. Final de una pieza musical
4. Repetir
5. Púa hacia abajo
6. Púa hacia arriba
7. Silencio de negra
8. Silencio de blanca
9. Silencio de redonda
10. Ritmo de negra
11. Ritmo de blanca
12. Ritmo de redonda
13. Cuarto de nota / negra
14. Media nota / blanca
15. Nota entera / redonda

16. Las notas del pentagrama son Mi, La, Fa, Si, Sol, Re y Do (E, A, F, B, G, D y C)

17. Los acordes son G7, E5, C mayor, D mayor, A menor, D5, G major, E menor y A5.

Gracias por comprar este libro

Sólo hay algo que me gustaría pedirte y espero que no sea demasiada tarea. Cuando hayas tenido tiempo de mirarlo, ¿podrías quizás reseñar o calificar este libro?

Los comentarios genuinos de clientes a menudo son útiles pero rara vez se dan.

www.ingramcontent.com/pod-product-compliance
Lightning Source LLC
Chambersburg PA
CBHW061131070526
44584CB00033B/4296